INTRODUCCIÓN
AL BUDISMO TIBETANO

PAIDÓS ORIENTALIA

Últimos títulos publicados:

INTRODUCCIÓN AL BUDISMO TIBETANO

por el decimocuarto Dalai Lama

PAIDÓS

Barcelona
Buenos Aires
México

Título original: *Introduction au bouddhisme tibétain*
Publicado en francés, en 2000, por Éditions Dérvy, París

Traducción de Javier Palacio

Cubierta de Julio Vivas

© 2000 Éditions Dérvy
© 2004 de la traducción, Javier Palacio
© 2004 de todas las ediciones en castellano,
    Ediciones Paidós Ibérica, S.A.,
    Mariano Cubí, 92 - 08021 Barcelona
    http://www.paidos.com

ISBN: 84-493-1554-9
Depósito legal: B-10.869/2004

Impreso en Novagràfik, S.L.
Vivaldi, 5 - 08110 Montcada i Reixac (Barcelona)

Impreso en España - Printed in Spain

Sumario

Capítulo I

Nuestra necesidad de la religión en la actualidad

Una de las razones por las que deseamos introducir la religión en nuestra vida obedece a que el progreso material, por sí solo, no puede proporcionarnos placer o satisfacción con carácter duradero. De hecho tenemos la sensación de que, cuanto más avanzamos en el plano material, más atenaza el temor nuestra vida. La ciencia y la tecnología han hecho admirables progresos y, ciertamente, seguirán haciéndolos. El hombre volverá a la Luna y se esforzará por explotar los recursos en beneficio de la humanidad —esa Luna en la que antaño algunos pueblos veían la morada de sus dioses—. Y es posible que el hombre alcance también otros planetas. Pero también puede suceder que, al final, esos avances nos descubran fuerzas hostiles fuera de nuestro mundo. Sea como fuere, este progreso no puede aportar a los hombres una satisfacción final y permanente, puesto que el progreso material despierta siempre el deseo de más progreso y, por consiguiente, no puede sino procurar un placer efímero. Por el contrario, cuando es la mente la que goza del placer y de las satisfacciones, somos capaces de soportar con facilidad las molestias que son puramente materiales, siendo real y duradero aquel placer que sólo pertenece al dominio de la mente.

Y es que no hay placer que pueda compararse al que proporcionan los ejercicios espirituales. Es el mayor de todos y, por naturaleza, el definitivo. Cada una de las distintas religiones ha indicado su propio método para alcanzarlo.

Una segunda razón por la cual deseamos introducir la religión en nuestras vidas es que debemos contar con ella, hasta cuando queremos disfrutar de una apreciable cantidad de placeres materiales. En general, el placer y el sufrimiento no son únicamente fruto de elementos ajenos a nosotros, sino también de elementos internos. Sin reacción interna, no hay estímulo externo, por fuerte que sea, que pueda darnos placer o sufrimiento. Esos factores internos son las secuelas o impresiones que han dejado en nuestra mente nuestras acciones pasadas, y cuando entran en contacto con los factores externos, volvemos a sentir placer o sufrimiento. Una mente no disciplinada expresa malos pensamientos por medio de malas acciones, y éstas, a su vez, tienen malas consecuencias para la mente. Esto hace que la mente, frente a nuevos estímulos exteriores, padezca de inmediato las consecuencias de las acciones pasadas. Por tanto, cuando sufrimos, la causa lejana se encuentra en nuestro pasado. Todo placer y todo sufrimiento tienen un origen mental. Y si tenemos necesidad de las religiones es porque sin ellas no podemos llegar a ser dueños de nuestra mente.

Capítulo II

La necesidad de la religión para nuestras vidas futuras

¿Cómo sabemos que la vida continuará tras la muerte? Según el budismo, aunque causa y efecto puedan ser de naturaleza diferente, deben compartir las mismas propiedades esenciales y estar ligados por un tipo preciso de relación. Sin ello, una misma causa no podría producir un mismo efecto. Pongamos un ejemplo: el cuerpo humano puede ser percibido porque dispone de forma y color, y por consiguiente, su principio o causa original debe poseer también esas mismas cualidades. Pero la mente carece de forma, de modo que su principio o causa original debe carecer también de ella. A título de comparación, sabemos que podemos extraer medicamentos de las semillas de las plantas medicinales y veneno de las semillas de las plantas venenosas.

La mayor parte de los seres poseen un cuerpo físico (aunque en determinados planos de existencia no posean más que un espíritu). Ahora bien, la mente y el cuerpo han de tener unas causas originales. Y es en el mismo instante de la concepción cuando el cuerpo y la mente se forman y comienzan a funcionar. La causa originaria de un cuerpo es el cuerpo de los padres. Pero la materia física no puede producir la mente, del mismo modo que la mente no puede crear la materia. La causa originaria de la mente, por tanto, tendrá que ser una mente que ya existía con anterioridad a la concepción; debe existir cierta continuidad entre una mente y la que la ha precedido. Nosotros consideramos eso como la prueba de que una existencia concreta debe haber sido precedida por otra. Ello ha sido demostrado por los relatos de adultos y niños que recuerdan sus existencias anteriores; se trata de un fenómeno del que no sólo contamos con testimonios históricos, sino que puede constatarse también en nuestra época. De ello podemos concluir que la vida pasada ha existido realmente y que existirá una vida futura. Si admitimos esta creencia de que la vida continuará después de la

muerte, necesitaremos de las prácticas religiosas, pues nada puede sustituirlas para preparar
nuestra existencia futura.

Capítulo III

Una de las numerosas religiones del mundo. El budismo y su fundador

Del mismo modo que en el mundo una misma enfermedad puede tratarse mediante diversas terapias, hay diversas religiones que pueden procurar la felicidad a los hombres y a los demás seres. Distintas doctrinas han sido presentadas por distintas personas en distintas épocas y de distinta manera. Sin embargo, creo que fundamentalmente todas estas doctrinas persiguen un mismo y noble objetivo, a saber, la enseñanza de principios morales que han de servir de molde a las funciones de la mente, el cuerpo y la palabra. Todas ellas nos enseñan que no hay que mentir, levantar falsos testimonios, robar, matar, etc. Así pues, mejor sería que llegara a su fin el desacuerdo entre los practicantes de las diferentes religiones. La unidad entre las religiones no es algo irrealizable. Puede hacerse y, en el estado actual del mundo, sería de una enorme importancia. El respeto mutuo sería de gran ayuda para todos los creyentes. Y la unidad entre ellos beneficiaría a su vez a quienes no lo son, pues allí donde se lograse la unanimidad un torrente de luz les mostraría cómo librarse de su ignorancia. Debo destacar con gran énfasis la urgente necesidad de lograr entre todas las religiones una unidad firme. Para conseguirlo, sería preciso que los adeptos de cada religión tuviesen cierto conocimiento de las otras, y ésta es la razón por la que presento en estas páginas una pequeña introducción al budismo tibetano.

Para comenzar, tengo que manifestar que es muy difícil encontrar la equivalencia exacta en inglés para los términos filosóficos del budismo tal como son expresados en tibetano. En la actualidad, apenas si es posible encontrar a algún erudito que atesore un perfecto conocimiento del inglés y al mismo tiempo de la religión y de la filosofía budista tibetana. Y tampoco abundan las traducciones válidas a las que remitirse. Los libros escritos o traducidos en el pasado rindieron ciertamente grandes servicios al budismo, pero algunos de ellos no pueden ser considerados más

que como traducciones hasta cierto punto aproxi-
madas que no proponen sino una interpretación
superficial. Espero que en un futuro los eruditos
aportarán una solución con objeto de que los aspectos más profundos de nuestra religión puedan
ser comunicados en inglés. En este breve texto
nos hemos servido de una traducción muy libre a
fin de que el inglés utilizado sea lo más sencillo
posible. Hoy por hoy sólo puedo tratar confiada-
mente sobre estas cuestiones en tibetano, y tengo que recurrir a traductores cuando debo em-
plear el inglés. No me cabe sino confiar en que la
traducción reproduzca con exactitud el original.

En *Mi país y mi pueblo*[1] expliqué ya que nosotros los budistas creemos que todos los seres
pasan por sucesivos nacimientos, esforzándose,
en el curso de esta serie de vidas, por alcanzar la
perfección de la budeidad.[2] No suponemos que
tal perfección se logrará en el curso de una sola
existencia, aunque ello sea posible. En lo relativo al cuerpo y la mente de un hombre, pensa-
mos que la mente es superior; la palabra y el

---

1. Barcelona, Noguer, 2002.
2. Es decir, la «naturaleza del Buda», el estado al que había llegado el Buda y que también nosotros somos capaces de
conseguir. (*N. del t.* de la edición francesa.)

cuerpo se encuentran sometidos a la mente. El pecado no afecta a la naturaleza intrínseca de la mente. La mente esencial es pura por naturaleza. Los pecados son las imperfecciones de los aspectos secundarios o periféricos de la mente. En la búsqueda de la iluminación, tales imperfecciones son eliminadas una a una de las zonas periféricas, y cuando todas esas imperfecciones se han erradicado, el ser alcanza la perfección, la budeidad.

Creemos también que, en el curso del *kalpa*[3] actual, mil Budas supremos se encarnarán en el mundo. Al igual que nosotros, estos Budas fueron seres vivos antes de alcanzar la perfección. Ellos poseen el poder de proyectar las reencarnaciones de su mente, su cuerpo y su palabra en millones de formas diferentes en un instante. Y lo hacen en beneficio de todos los seres vivos de mundos como el nuestro. Cada una de esas reencarnaciones supremas predicará su propia doctrina y obrará eternamente por la salvación de todos los seres humanos.

Nosotros consideramos que el Maestro Buda —o Gautama Buda, como también se le co-

---

3. Un *kalpa* es una fracción de una de las sucesivas existencias del mundo. (*N. del t.* de la edición francesa.)

noce— es uno de esos miles de Budas. Nació en el seno de una familia perteneciente a la realeza, en la India, hace más de 2.500 años. Durante la primera parte de su existencia llevó una vida propia de príncipe, pero al observar ciertas manifestaciones del sufrimiento llegó a comprender cuán precaria es la naturaleza de la existencia humana. De este modo renunció a su vida principesca para convertirse en asceta. Desde el punto de vista de los seres corrientes, un punto de vista limitado, su vida estuvo marcada principalmente por doce acontecimientos: su descenso del cielo llamado Tushita, su concepción, su nacimiento, sus estudios, su matrimonio, su renuncia, la práctica de las austeridades, la meditación bajo el árbol *bodhi* (de la iluminación), su triunfo sobre Mara (el tentador), su acceso a la budeidad, su predicación y su *nirvana* (su partida de este mundo).

Sus enseñanzas se apartan de las de los otros Budas. Mientras la mayoría de ellos predicaban únicamente tomando como base los *sutras*, él predicó también a partir de los *tantras*.[4] En conjunto, tanto los *sutras* como los *tantras* están

---

4. Los *tantras* y los *sutras* son dos *corpus* de escrituras sagradas budistas. (*N. del t.* de la edición francesa.)

orientados a un mismo objetivo esencial. La principal diferencia es que los *tantras* cuentan con un mayor número de métodos para alcanzar el objetivo.

Después de haber logrado la iluminación, de haber alcanzado la perfección de la budeidad, en Budh-Gaya, pronunció tres sermones diferentes en otros tantos lugares de Bihar.[5] El primero, en Varanasi (Benarés), trata sobre las Cuatro Nobles Verdades, de las que hablaré más adelante. Se dirigía en especial a los *shravakas* (oyentes), individuos dotados espiritualmente, si bien caracterizados por su visión limitada. El segundo sermón, en Girdhakuta, tuvo como tema el vacío (*sunyata*), la no-existencia de un yo último; luego hablaré de ello.[6] Estaba dirigido a los practicantes del *Mahayana*, seguidores de la Gran Vía, individuos con un gran desarrollo intelectual. El tercer sermón, pronunciado en Vasali, estaba sobre todo destinado a otros seguidores menos preparados del *Mahayana*.

De esta manera, no sólo predicó sobre los *sutras* para los seguidores del *Mahayana* y del *Hinayana* (los que siguen la Gran Vía y los que si-

---

5. Región del norte de la India.
6. Véase más adelante.

guen la Vía menos grande,[7] es decir, las dos escuelas principales del Budismo). Predicó también numerosos *tantras* para los seguidores del *Mahayana*. Las grandes Escrituras (traducidas al tibetano bajo el título de *Kangyur*) sólo contienen las enseñanzas del Maestro Buda.

Una parte del *Kangyur* versa sobre los *sutras* y otra sobre los *tantras*. La primera está dividida en tres secciones: Vinaya, acerca de los principios de la moral, Santantra, acerca de la meditación, y Abhidharma, acerca del estudio filosófico en relación con la sabiduría trascendental. Estas tres secciones constituyen los Tripitakas,[8] y sus principios fundamentales son denominados respectivamente con los términos sánscritos *shila*, *samadhi* y *prajnya*. La parte tántrica del *Kangyur* se divide en cuatro secciones. En el Tíbet estas subdivisiones de los *tantras* están en ocasiones comprendidas en la sección Santantra de los *sutras* de los Tripitakas.

7. Los adeptos de eso que en general suele denominarse budismo del pequeño vehículo, al que el autor llama aquí «La Vía menos grande», prefieren que se le dé el nombre de *Therutada*, «la vía de los antiguos», en lugar de *Hinayana*. (*N. del t.* de la edición francesa.)

8. Literalmente, «los tres cestos [de textos sagrados]». (*N. del t.* de la edición francesa.)

Capítulo IV

La difusión del budismo en el Tíbet

Antes de que el budismo llegase al Tíbet procedente de la India, la religión extendida en nuestro país era la religión bon. Provenía ésta de una región vecina llamada Chang-Chung, y hasta época bastante reciente existían todavía en el Tíbet centros en donde los seguidores del bon se entregaban a profundos estudios y a la meditación. Soy de la creencia de que al principio no se trataba de una religión demasiado útil, pero cuando el budismo arraigó en el Tíbet y se desarrolló, el bon se benefició de ello; su propia filosofía religiosa y sus posibilidades para la meditación bebieron del budismo y se enriquecieron gracias a él.

Fue Lha-Tho-Ri Nyen-Tsen, rey del Tíbet, el primero que introdujo el budismo en el país, hace más de mil años. El budismo fue extendiéndose progresivamente y con el tiempo numerosos y célebres *pandits*[1] de la India viajaron al Tíbet y tradujeron los textos de los *sutras* y de los *tantras* con sus comentarios.

Esta actividad quedó interrumpida por algunos años durante el reinado del rey impío Lang-Dar-Ma, en el siglo X de la era cristiana, pero tan pronto como aquel eclipse finalizó, el budismo recobró su impulso y se extendió de nuevo desde las regiones oriental y occidental del Tíbet. Diversos sabios, indios y tibetanos, reemprendieron una vez más las tareas de traducción de obras religiosas, y nuestro país volvió a acoger a ilustres *pandits* que habían venido para colaborar en los trabajos. Sin embargo, a medida que el Tíbet fue alumbrando a sus propios grandes sabios, el número de quienes procedían de la India y Nepal fue disminuyendo paulatinamente.

De este modo, en lo que puede llamarse el segundo período del budismo en el Tíbet, nues-

---

1. En la India se llama *pandits* a los sabios especializados en el estudio de los textos antiguos y, más en particular, de los textos sagrados. (*N. del t.* de la edición francesa.)

tra religión conoció una evolución distinta de la que caracterizó a la segunda época del budismo en la India. Claro está que no por ello dejó de conservarse con la mayor fidelidad la esencia de las enseñanzas del Maestro Buda. Los lamas tibetanos no alteraron ni agregaron jamás nada que fuera esencial. Es fácil advertir que sus comentarios no son sino eso, y que se remiten siempre a la autoridad de las principales enseñanzas del Maestro Buda o a las obras de los *pandits* de la India.

Por ello no me parece justificado considerar el budismo tibetano como algo diferente del budismo original, tal como éste fuera predicado en la India, ni denominarlo lamaísmo, como se hace en algunas ocasiones. Ciertamente, en relación con determinados aspectos secundarios, pueden haber aparecido diferencias ocasionadas por las condiciones locales. Por ejemplo, a causa del clima, el atuendo propio de los religiosos tibetanos difiere de la indumentaria de los de la India. Sin embargo, creo que quien quiera comprender toda la enseñanza del Maestro Buda sobre los *sutras* y los *tantras* debe proceder sin duda a un estudio profundo de la lengua tibetana y sus textos.

Tal como hemos podido ver, la penetración del budismo en el Tíbet no se hizo de una sola vez; las Escrituras son obra de diferentes sabios en épocas distintas. Durante aquel período, existieron en la India importantes instituciones budistas, como las universidades de Nalanda y de Vikramashila, cuyo estilo de enseñanza era algo distinto, aunque la religión y la filosofía que en ellas se impartía fueran fundamentalmente idénticas. Por esta razón, diversos grupos acabaron fundando organizaciones o sectas diferentes, siempre sobre la base de los mismos dogmas esenciales. En el Tíbet, las escuelas más importantes fueron las conocidas por los nombres de Nyingma, Kagyuna, Sakya y Geluk. Todas ellas profesaban el conjunto de enseñanzas del *Hinayana* y del *Mahayana*, incluyendo el *Tantrayana*, pues los budistas tibetanos no separan unas enseñanzas de otras, aunque las respetan a todas por igual. Como directrices morales, se remiten de este modo a las reglas del Vinaya, seguidas sobre todo por los hinayanistas, mientras que para los ejercicios de carácter más esotérico, sea cual sea la profundidad que puedan alcanzar, recurren a los métodos de las escuelas del *Mahayana* y el *Tantrayana*.

Capítulo V

El significado de *chos (dharma)*

El término tibetano *chos* corresponde a la palabra sánscrita *dharma,* y significa «sostener». Todos los objetos que en nuestro mundo tienen una identidad definible que les sea propia son *dharmas. Dharma* posee también otro significado: «Mantenerse a resguardo de un amenazador desastre». Y es en este sentido en el que *dharma* puede significar «religión». En general, toda actividad noble de la mente, el cuerpo o la palabra denota *dharma* o religión: aquello que puede salvarnos o resguardarnos de un desastre. Quien se dedica a esas actividades es considerado practicante de una religión.

Capítulo VI

Las Cuatro Nobles Verdades

Dijo el Maestro Buda: «Éste es el verdadero sufrimiento; ésta, su verdadera causa; ésta, la verdadera cesación; éste, el verdadero camino». Y también dijo: «Conoce los sufrimientos; renuncia a sus causas; consigue la cesación de los sufrimientos; sigue los verdaderos caminos». E igualmente dijo: «Conoce lo que es el sufrimiento aunque no haya nada que conocer; abandona las causas del sufrimiento aunque no haya nada que abandonar; propónte la cesación aunque no haya nada que pueda cesar; practica los métodos para alcanzar la cesación aunque no haya nada que practicar». Hay tres concepciones de la naturaleza intrínseca, de la acción y del resultado último de las Cuatro Nobles Verdades.

Según la teoría *madhyamika* (expuesta por Nagarjuna, un erudito del tercer siglo de la era cristiana), teoría que ocupa el lugar principal entre todas las teorías de las diferentes escuelas de pensamiento budista, la explicación de estas Verdades es la siguiente: el verdadero sufrimiento es el *samsara* (el ciclo de existencias, nacimientos y renacimientos), que proviene del *karma* (acción y reacción) y de la falsa ilusión. La verdadera cesación significa la absoluta desaparición, de forma progresiva, de las dos verdades anteriores. La verdadera vía es el método mediante el cual se accede a la verdadera cesación.

De este modo, la verdadera causa del sufrimiento conduce al verdadero sufrimiento, pero si seguimos la verdadera vía alcanzamos el objetivo, la verdadera cesación. Aunque sea éste el orden natural que siguen estas Cuatro Verdades, el Maestro Buda las predicó comenzando por los efectos y continuando por las causas. La razón por la que lo hizo de esta forma es que, una vez aclarada la naturaleza del sufrimiento, puede deducirse la causa, y al sentir un deseo intenso de eliminarla, encontraremos los medios para liberarnos de ella.

Capítulo VII

Las distintas categorías de seres y el *samsara*

Se conoce como *samsara* el ciclo completo de existencias. El *samsara*, con todos sus dolores, es el verdadero sufrimiento. Al *samsara* pertenece todo aquello que procede de un encadenamiento de otras causas y que de este modo se une al *karma* y a lo ilusorio. El dolor es su naturaleza esencial. Tiene como función proporcionar una base para la ampliación del dolor y, por su misma naturaleza, ocasionar dolores en el futuro.

En el plano espacial, el *samsara* comprende tres mundos: el mundo de los sentidos, el mundo de la forma y el mundo de lo sin-forma. Los seres situados en el primero de estos mundos disfrutan de los placeres sensoriales externos. El segundo mundo, el de la forma, está compuesto de dos partes. Los seres situados en la parte inferior no pueden disfrutar de los placeres sensoriales externos, pero sí del placer sereno que proporciona la contemplación interior. Los seres que se encuentran en la parte superior viven inmersos en un estado de ecuanimidad. En el mundo de lo sin-forma, los objetos captados por los cinco sentidos no existen, ni tampoco esos cinco órganos sensoriales gracias a los cuales podemos gozar de ellos. No existe más que una sola mente, a la que ninguna distracción afecta; existe y permanece enteramente en un estado de ecuanimidad.

Se puede igualmente dividir el *samsara* según la naturaleza de los seres que contiene; de este modo pueden establecerse seis categorías:

Los dioses. Son los seres que viven en el mundo de las formas celestes y de los espíritus sin forma, y las seis categorías de dioses que se encuentran en el mundo sensorial.

Los semidioses. Seres maléficos que en todos sus aspectos se parecen a los dioses.

Los seres humanos.

Los yi-dag o *pretas*. Se trata de espíritus vivos atormentados en todo momento por el hambre y la sed.

Los animales.

Los infiernos. Existen diferentes regiones y los seres que habitan en cada una de ellas poseen también naturalezas diferentes según sea su *karma* anterior.

Capítulo VIII

Las causas de los padecimientos en el *samsara*

Las verdaderas causas del sufrimiento son el *karma* y la falsa ilusión.

El *karma* suele definirse como «acción y reacción concordantes». Según las escuelas superiores del budismo, el *karma* comporta dos aspectos, que en tibetano son conocidos como *sempai le* y *sampai le*. *Sempai le* es el estadio latente del *karma*, en un momento en que la actividad física todavía no ha tomado forma; el estado donde el impulso de la actividad es aún subconsciente. *Sampai le* es la fase manifiesta, en la cual se producen las actividades físicas y orales. En lo que respecta a los resultados, existen tres tipos de *karma*. El *karma* meritorio hace que los seres sean alumbrados nuevamente en las esferas de los dioses, los semidioses y los hombres. El *karma* demeritorio hace que los seres renazcan en las esferas inferiores: las de los animales, los *pretas* y los infiernos. Por último, el *achala karma*, el *karma* invariable, hace renacer a los seres en los mundos superiores, *rupa dhatu* y *arupa dhatu*, los mundos de la forma y de lo sin-forma. Se pueden experimentar los efectos del *karma* en el curso de la vida, en la siguiente vida y en las vidas posteriores.

La falsa ilusión no forma parte de la mente esencial o central, que como dije antes, es intrínsecamente pura; se trata de un efecto de las mentes periféricas o secundarias. Cuando tal mente secundaria es objeto de estímulo, la falsa ilusión ejerce una influencia; domina la mente central y crea un *karma*.

Existen diversos tipos de falsas ilusiones: la pasión, la cólera, el orgullo, el odio, la animadversión, etc. La pasión y la animadversión son las principales. Por pasión entendemos un apego vehemente a los seres humanos o a las cosas. La pasión puede manifestarse en forma de apego personal o de egoísmo, y de ella puede surgir el orgullo como consecuencia de un sentimiento de superioridad. Y si la pasión se tropieza con la animadversión, puede tornarse en odio. Del mismo modo, ya sea por ignorancia o por falta de comprensión, podemos ser inducidos a oponernos a la verdad. Esta fuerte «conciencia del yo» se ha impuesto desde siempre a todos los seres en el *samsara*, y éstos se han acostumbrado hasta tal punto que se encuentran sometidos a ella incluso en sus sueños.

De hecho, todo objeto cognoscible es vacío por su misma naturaleza, pero a causa de la falsa ilusión, se nos aparece como una entidad que tiene su origen en sí misma y que se basta a sí misma. Por el contrario, este concepto deformado se encuentra en la raíz de toda ilusión.

Capítulo IX

La esencia del *nirvana*

Tomado en otro sentido, el *samsara* denota una servidumbre. El *nirvana* corresponde a una liberación de esa servidumbre, es decir, a la verdadera cesación, la tercera de las Nobles Verdades. Ya dije antes que las causas del *samsara* son el *karma* y la falsa ilusión. Si las raíces de la falsa ilusión se arrancan por completo, si se pone fin a la creación de un nuevo *karma* que provocaría un nuevo nacimiento en el ciclo del *samsara*, si deja de haber una falsa ilusión que abone el *karma* proveniente del pasado, los continuos renacimientos del ser que sufre llegarán a su final. Y, sin embargo, el ser en cuestión no dejará de existir. Quedará todavía un cuerpo con sus restos mortales, un cuerpo nacido a consecuencia de la falsa ilusión y el *karma* anteriores. Pero después de la cesación de los renacimientos, después de la liberación del *samsara* y el acceso al *nirvana*, continuará existiendo una conciencia y un cuerpo espiritual libre de la falsa ilusión. Es eso lo que significa la verdadera cesación del sufrimiento.

Nirvana puede significar un estado inferior, en el cual simplemente ha dejado de haber sufrimiento, y puede también referirse al estado supremo, aquel al que llamamos budeidad. Es el estado de la Iluminación suprema, absoluta y sin reservas, despojada de toda impureza moral o mental y también de la impureza que provoca el poder del pensamiento discriminatorio.

Capítulo X

El *Hinayana*

Para acceder a uno u otro de los estados de *nirvana* que acabamos de describir, es preciso seguir una vía bien definida: la verdadera vía, la cuarta de las Nobles Verdades. El *Hinayana* y el *Mahayana* representan dos escuelas de pensamiento que nos permiten discernir esta vía.[1] Los hinayanistas, los que siguen la vía menor, intentan esencialmente alcanzar el *nirvana* en beneficio de la persona individual. Según esta escuela, la mente debe ser preparada para ejercer una fuerte voluntad y así poder abandonar el *samsara*; debe someterse a una ética religiosa (*shila*) y, al mismo tiempo, practicar la concentración

---

1. Véase la nota 5 de la pág. 22.

(*samadhi*) y la meditación (*vipassana*, en tibetano: *lhagthong*), a fin de que tanto la falsa ilusión como sus semillas sean eliminadas y no puedan crecer de nuevo. Y así puede alcanzarse el *nirvana*. Los caminos que han de seguirse comprenden la preparación, la aplicación, la visión, la práctica y la realización.

Capítulo XI

El *Mahayana*

Los mahayanistas desean alcanzar el estado supremo del *nirvana*, la budeidad, no tan sólo en su propio provecho, sino en beneficio de todos los seres sensibles. Movidos por la idea de la Iluminación (*bodhi-chitta*) y por la compasión, siguen prácticamente las mismas vías que las prescritas en el *Hinayana*, pero utilizando además otros métodos (*upayas*), como los seis *paramitas* (virtudes trascendentes). Por medio de estas prácticas, los mahayanistas intentan liberarse no sólo de la falsa ilusión, sino también de todo resto de pecado, y de ese modo se esfuerzan por alcanzar la budeidad. Las cinco vías del *Mahayana* se conocen también por los nombres de preparación, aplicación, visión, práctica y realización. Aunque los nombres de estas vías coincidan con los del *Hinayana*, entre ambas corrientes existe, no obstante, una diferencia cualitativa. Y puesto que los mahayanistas sienten una motivación fundamental diferente y, en general, siguen sendas distintas y practican métodos diferentes, el objetivo final al que llegan es también diferente. A veces se formula la pregunta de si los hinayanistas, cuando alcanzan el *nirvana*, se contentan con el estado al que han llegado o si a continuación siguen el *Mahayana*. La respuesta es que ellos no consideran ciertamente su propio estado de *nirvana* como la meta final, y que en realidad adoptan medios propios que puedan conducirles a la budeidad.

Capítulo XII

El *Tantrayana*

Las vías que he descrito son las de las doctrinas, y deben seguirse para disponer de bases sólidas antes de comenzar a practicar el *Tantrayana* (la vía del método yóguico). En el Tíbet la introducción de cualquier doctrina tántrica se hizo con sumo cuidado. Los maestros espirituales no dejaron de comprobar si su doctrina se correspondía con las que predicó el Maestro Buda. Antes de confirmar su autenticidad y de adoptarla, era objeto de un estudio lógico que llevaban a cabo *pandits* competentes, y ponían a prueba sus resultados a la luz de la experiencia. Ello era necesario, pues había numerosas doctrinas tántricas no budistas cuyas semejanzas superficiales hubieran podido confundirse con las propias del budismo.

Hay cuatro clases de *Tantrayana*, las cuales son objeto de un gran número de tratados que no pueden citarse aquí. A continuación veremos, reducido a sus formas más simples, el modo en que se presenta el *Tantrayana*. Como ya hemos explicado, es al mal *karma* al que consideramos responsable de las distintas categorías de sufrimientos que padecemos. Y es la falsa ilusión la que origina el mal *karma*. Hay que tener en cuenta que ésta es esencialmente producto de una mente no disciplinada. Es preciso, por lo tanto, disciplinar la mente y adiestrarla por medio de unos ejercicios que detengan el flujo de malos pensamientos. Pues, gracias a la concentración sobre la contextura física de nuestro cuerpo y la contextura psicológica de nuestra mente, seremos capaces de detener ese flujo de malos pensamientos y centrar nuestra mente, que de otro modo vaga o se proyecta.

La mente también puede centrarse en algunos objetos de contemplación externos. Para ello es necesario disponer de un gran poder de concentración, siendo las imágenes de divinidades —algo que no deja de comprobarse— los objetos más adecuados para tal fin. Por eso existen tantas imágenes de divinidades en el *Tantraya-na*. No son, de ningún modo, creaciones arbitrarias. Para poder servir como objetos de contemplación destinados a la purificación del cuerpo, de la mente y de los sentidos, las imágenes creadas deben ser representación tanto de sus aspectos más coléricos como de los más serenos, y en ocasiones muestran muchas cabezas o numerosos brazos, para responder a las actitudes físicas, mentales y sensoriales de los distintos individuos que pretenden alcanzar el objetivo final.

La aproximación a ese objetivo se realiza en ciertos casos por medio sobre todo de una fe y una devoción poderosas, aunque de manera más frecuente interviene el poder de la razón. Y cuando seguimos de forma sistemática la vía trascendental, la razón por sí misma es la que va aportando a lo largo del camino numerosos motivos para creer de todo corazón.

Capítulo XIII

Las verdades duales

Cualquier vía religiosa comporta un sistema de conocimiento o de Sabiduría (*prajnya*) y un Método (*upaya*).

La Sabiduría se refiere a la Verdad absoluta (*paramathasatya*), y el Método a la Verdad relativa (*sambrithasatya*). Nagarjuna dijo: «Los *dharmas* revelados a través de los Budas se encuentran siempre en perfecta conformidad con las verdades duales, la verdad absoluta y la verdad relativa».

El individuo que ha alcanzado el objetivo final, la budeidad, cuenta con dos tipos distintos de cuerpos (*kayas*) búdicos. Estos dos *kayas* son fruto de la práctica de la Sabiduría y del Método en el avance por el camino de las vías doctrinales, y la Sabiduría y el Método practicados son fruto de dos verdades universalmente admitidas. La comprensión de esas verdades duales es, por tanto, de una gran importancia, si bien presenta ciertas dificultades. Las diferentes escuelas de pensamiento budista no opinan del mismo modo sobre tales verdades. Según la *Uma thal gyur pa* (la teoría de *madhyamika* propia de la escuela budista *prasangika*), los objetos que podemos percibir gracias a nuestros sentidos presentan dos aspectos: uno perceptible y otro imperceptible. En general, la verdad relativa atañe al conocimiento de las cosas y de los conceptos mentales en su aspecto perceptible, y la verdad absoluta al conocimiento de su aspecto imperceptible.

El vacío universal y la verdadera cesación son Verdades absolutas; todo lo demás es relativo.

Capítulo XIV

Esbozo del método para la práctica del budismo

Para practicar a la perfección el budismo no basta con hacer cambios superficiales como, por ejemplo, llevar una vida monacal o recitar textos sagrados. Cabría incluso preguntarse si tales actividades son o no en sí mismas religiosas, puesto que la religión se ha de practicar con la mente. Cuando se tiene una buena disposición mental, cualquier actividad —la acción corporal, el uso de la palabra— puede convertirse en religiosa. Pero si se carece de una disposición adecuada, si no se sabe cómo pensar convenientemente, no podrá alcanzarse ningún resultado por más que uno se pase toda la vida encerrado en un monasterio leyendo las Escrituras sagradas. Resulta por tanto fundamental, en primer lugar, tener una buena actitud mental. Es preciso considerar como refugio último las Tres Joyas: el Buda, el Dharma y la Shanga. Es necesario tener en cuenta las leyes del *karma* y sus frutos, y hay que cultivar pensamientos que sean beneficiosos para los demás seres.

Quien practique de forma cabal la religión renunciando al mundo, sentirá una inmensa alegría. Viven en el Tíbet muchas personas que han renunciado al mundo y que gozan de una satisfacción mental y física que no puede ser descrita. El mayor de los placeres de este mundo que podamos obtener impulsados por el amor a nosotros mismos, por cuya satisfacción nos esforzamos, no puede compararse siquiera con una minúscula fracción de esta felicidad superior. Quienes la experimentan son también los que hacen el mayor bien a los demás, a causa de un estado interior que les permite no sólo diagnosticar las verdaderas causas de los males que padece la humanidad, sino también estar en situación de ponerles verdadero remedio. Sin embargo, no todos somos capaces de renunciar hasta tal punto al mundo, pues ello exige de nosotros grandes sacrificios.

En estas condiciones, ¿qué tipo de *dharma*, qué tipo de religión puede recomendarse a quienes viven una existencia corriente? Desde luego, es preciso rechazar cuantas actividades inmorales existen en el mundo, puesto que éstas resultan incompatibles con cualquier religión. Pero las actividades moralmente justificables, como contribuir a la administración o al gobierno de un país, o también cualquier cosa que resulte útil y productiva, tomar decisiones que contribuyan a la alegría y a la felicidad de los demás, son actos que ciertamente pueden acompañar la práctica del *dharma*. En la India y el Tíbet los reyes y los ministros han actuado de acuerdo con el *dharma*. Se puede alcanzar la salvación participando en el mundo, a condición de que nos esforcemos de veras. Tenemos un proverbio que dice así: «Aquellos que no realizan el menor esfuerzo mental no acumulan sino razones para ir al infierno, por más que vivan en cavernas de las montañas como si fueran animales».

Para acabar, me gustaría relatar un antiguo cuento tibetano. Vivió antaño un célebre lama llamado Drom. Cierto día Drom vio que un hombre estaba caminando en torno a una *stupa*. Entonces le dijo: «Está bien dar una vuelta alrededor de una *stupa*, pero ¿no sería mejor practicar la religión?». «En tal caso, más valdrá que lea un libro sagrado», respondió el otro. Y comenzó a leer con asiduidad.

Algún tiempo más tarde, Drom volvió a encontrárselo de nuevo. Le dijo: «Es bueno leer los textos sagrados, pero ¿no sería aún mejor practicar la religión?». «Al parecer –pensó el hombre–, recitar no basta. ¿Y si me pusiera a meditar?»

Poco después, Drom se lo encontró meditando. Y le dijo: «Reconozco que la meditación es una buena práctica, pero ¿no sería ciertamente mejor practicar la religión?». El hombre se quedó entonces perplejo. Le preguntó: «Y entonces, a sus ojos, ¿en qué consiste practicar la religión? ¿Cómo debo hacer para practicarla?». Y Drom le respondió: «Aparte de su pensamiento todo cuanto tenga que ver con la vida en este mundo. Dirija su mente hacia la religión».

Capítulo XV

Los Tres Refugios

Para que la mente pueda recorrer la senda religiosa, es absolutamente necesario que el hombre comprenda los Refugios (*sharangaman*) y la ley universal del *karma* y de sus frutos (causa y efectos morales o psicológicos).

Existen Tres Refugios: el Buda, el Dharma (ley o doctrina) y la Sangha (el Orden).

El Buda. Aquel que ha limpiado su mente de todas las impurezas y que ha eliminado los impulsos y tendencias que las originan —liberándose de este modo de cualquier rastro de pecado— se convierte en omnisciente; se le conoce entonces como Buda. Tal persona ha adquirido un conocimiento perfecto de todos los fenómenos que se producen en el tiempo y en el espacio, y tal persona es un Buda; él es el Refugio, el guía. El Buda es un guía en el mismo sentido en que un médico nos guía hacia la salud.

El Dharma. El Dharma es el verdadero Refugio, y podemos alcanzar su realización (las nobles vías, *arya marga*, de la liberación) practicando como es debido el método que permite el triunfo sobre el mal y que lleva a la desaparición de todas las impurezas. En este sentido, se puede comparar el Dharma con la práctica de la medicina.

La Sangha. El Orden o Sangha comprende a todos los seres que hayan alcanzado el *darshan marga*. El *darshan marga*, o vía de la contemplación, es el estado de perfección en el cual el hombre percibe la realidad de todos los objetos. El *bhavana marga*, o vía de la práctica, es, en la ruta que conduce a la budeidad, el estado al cual se llega por medio de la meditación. El *akshaikshita*, o vía de la realización, es el estado en el cual uno ya no tiene necesidad de ser guiado. Éstas son las Tres Nobles Vías. El Orden es el amigo que nos ayuda a realizar el Refugio. Se puede comparar el Orden con el enfermero que administra los medicamentos.

Capítulo XVI

El *karma*

Todo efecto, bueno o pernicioso, ha de tener una causa. Las Tres Joyas constituyen la Causa, y la realización de las Tres Joyas comprende el Efecto. La Causa y el Efecto de las Tres Joyas —el Buda, el Dharma y la Sangha, es decir, el Enseñante, la Enseñanza y lo Enseñado— están relacionados con dos Refugios.

El Refugio Causa son las Tres Joyas alcanzadas gracias a la ayuda de otro individuo. El Refugio Efecto son las Tres Joyas alcanzadas por el propio individuo en el futuro. En el primer caso, las Tres Joyas son consideradas como entidades exteriores en tanto que nos perfeccionamos, es decir, en tanto que tomamos objetivamente refugio. En el segundo caso, una vez alcanzada la perfección, las Tres Joyas son consideradas como entidades interiores, es decir, tomamos subjetivamente refugio. Del mismo modo en que un hombre más fuerte debe ofrecer refugio y protección a otro hombre más débil, el más poderoso de los dos Refugios, el Refugio Causa, alberga al hombre que busca y le proporciona cobijo. Una vez que el débil se ha convertido en fuerte gracias a la ayuda ofrecida por el maestro y el protector, y que su naturaleza se ha hecho poderosa, puede alcanzar las Tres Joyas del Refugio Efecto.

Durante el curso de la vida es necesario esforzarse por cumplir las condiciones características de las Tres Joyas. Y para ello hay que practicar los Tres Preceptos Morales (*trishiksha*). Éstos son:

1) *adishila-shiksha* (una formación superior relativa al comportamiento);

2) *adisamadhi-shiksha* (una formación superior relativa a la meditación);

3) *adiprajnya-shiksha* (una formación superior relativa a la sabiduría).

Si quisiéramos establecer una analogía, *adishila-shiksha* sería la fuerza de la que dispone una persona, *adisamadhi-shiksha*, la mano de la que se sirve con destreza, y *adiprajnya-shiksha*, su hacha bien afilada. Utilizando su mano más diestra y su fuerza viril, tala el bosque (que simboliza el concepto de un «yo» permanente y las impurezas del pecado).

Capítulo XVII

La formación superior y el comportamiento

El primer Precepto Moral, *adishila-shiksha*, al que se puede llamar el fundamento de los Tres Preceptos Morales, presenta numerosos aspectos. Todos se basan en el precepto en virtud del cual debemos renunciar a las Diez Inmoralidades. De ellas, tres están relacionadas con la actividad corporal, cuatro con la actividad de la palabra, y tres con el funcionamiento de la mente.

Las tres inmoralidades relacionadas con el cuerpo son las siguientes:

1. Quitarle la vida a cualquier ser vivo (desde los hombres hasta el más pequeño de los insectos), ya sea directa o indirectamente.

2. Robar o tomar sin autorización, directa o

indirectamente, el bien del prójimo, sea cual fuere su valor.

3. Cometer adulterio o entregarse a formas perversas de relación sexual.

Las cuatro inmoralidades relacionadas con la palabra son las que siguen:

4. Ser culpable de mentir induciendo a otro a caer en el error, ya sea mediante informaciones o consejos falsos o inexactos, ya mediante cualesquiera indicaciones materiales.

5. Ser culpable de calumniar, generando discordia allí donde impera el entendimiento o agravando la discordia allí donde ésta ya·existía.

6. Expresarse con palabras despiadadas o injuriosas.

7. Abandonarse a las habladurías, a impulsos de la concupiscencia o la pasión.

Las tres inmoralidades relacionadas con el funcionamiento de la mente son éstas:

8. Envidiar o anhelar la posesión de lo que pertenece a otro.

9. Desear hacer mal a otro.

10. Cometer herejía por no creer en las vi-

das sucesivas, en la Ley de causalidad y en los Tres Refugios.

Lo opuesto de las Diez Inmoralidades son las Diez Virtudes. Cuando éstas se practican se está practicando de hecho la *adishila-shiksha*, el comportamiento superior.

Capítulo XVIII

La formación superior y la meditación

Segundo Precepto Moral: durante la meditación, la mente debe concentrarse en un solo objeto a fin de «sentirse en unidad». Hay muchas técnicas para practicar la meditación, pero aquí describiremos sólo una, la técnica de la concentración mental (*shiney* en tibetano). La concentración mental consiste en retirar progresivamente la mente de los objetos perceptibles por los sentidos y de las nociones conceptuales para que se centre y se fije sin vacilación en un único objeto, y de este modo permanezca firme y serena, lo que permite que el cuerpo y la mente experimenten una alegría extática.

Una vez se ha conseguido esta «quietud mental», no sólo se goza del consiguiente éxtasis mental y físico, sino que se domina completamente la mente. Ésta puede emplearse entonces fácilmente y sin mayor esfuerzo para concentrarnos sobre cualquier objeto que elijamos. Y al mismo tiempo el vehículo de la concentración adquiere poderes psíquicos sobrenaturales y la capacidad de obrar milagros y otros prodigios supramundanos.

La principal ventaja de la *samath bhavana* (la quietud mental obtenida gracias a la concentración) es que su consecución nos da acceso a la *vipassana*, la percepción penetrante (que permite percibir el Vacío, el *shunyata*), y podemos destruir por completo el fenómeno del *samsara*. Pero la *samath bhavana* tiene otros efectos beneficiosos. Por ejemplo, casi todo el conocimiento de los *triyana* (*shravaka yana*, *pratekya yana* y *mahayana*)[1] proviene de ella.

Cuando el objetivo de la práctica de la con-

---

1. Según el Venerable Geshe Ugyen Tseten, el *shravaka yana* corresponde al estadio en que tenemos necesidad de un maestro para comprender cómo escapar del *samsara*; el *pratekya yana* a aquél en que, tras haber comprendido, intentamos lograrlo sin necesitar ya a un maestro; el *mahayana* a aquél en que, tras conseguirlo, debemos esforzarnos por conducir a los demás seres vivos al mismo logro. (*N. del t.* de la edición francesa.)

centración es alcanzar los Refugios búdicos, se convierte en una concentración búdica. Cuando el objetivo es el *bodhi-chitta*, se trata entonces de una concentración búdica *mahayanista*.

Para llevar a cabo con éxito la *samath bhavana* deben cumplirse las siguientes condiciones:

1. El lugar de meditación ha de ser apartado, tranquilo, y el clima ha de ser propicio. El ruido distrae de la meditación.

2. Quien medita ha de sentirse satisfecho y no tener apenas necesidades. Debe haberse liberado de todas las impurezas del mundo y estar dispuesto a no cometer ninguna inmoralidad, ya sea de palabra o de acción.

3. Debe comprender bien el conjunto de instrucciones y métodos de la meditación profunda. Ha de ser plenamente consciente del hecho de que un anhelo intenso será satisfecho y de que el mundo de los fenómenos es efímero.

Según Arya Bodhisattva Maitreya, alcanzamos la *samatha bhavana* por medio de la renuncia a las Cinco Imperfecciones y de la adopción de las Ocho Facultades Mentales de Introversión.

Las Cinco Imperfecciones a las cuales es preciso renunciar son las siguientes:

1. Una laxitud provocada por una actitud letárgica ante la meditación.
2. El olvido del objeto de la meditación.
3. Las interrupciones que llevan a la mente a caer tanto en la pereza como en una agitación desmedida (a causa de los deseos que se experimentan).
4. La incapacidad para impedir tales interrupciones.
5. Las interrupciones producto de la imaginación y la adopción de medidas inadecuadas para enfrentarse a ellas.

Podemos apartar de nosotros las Cinco Imperfecciones mediante la adopción de las Ocho Facultades Mentales de Introversión, a saber:

1. La fe en las virtudes de la meditación y en la facultad de discernirlas.
2. Una firme voluntad de practicar la meditación y el poder de conseguirlo.
3. La perseverancia y un estado de ánimo positivo.
4. La experiencia del éxtasis mental y físico.

5. Un gran empeño para concentrarse en el objeto de meditación.

6. Un escrupuloso dominio de toda tendencia a la pereza o a una vehemente agitación (si se considera que la mente se compone de cinco partes, una de ellas debe impedir que aquélla sea presa de la pereza o de una fuerte agitación mientras las otras cuatro partes participan al unísono en una concentración profunda en el objeto de la meditación).

7. Disposición a enfrentarse de inmediato a cualquier peligro de distracción desde el mismo momento en que se percibe tal peligro.

8. La relajación de las medidas adoptadas para enfrentarse a ese peligro, una vez que las mismas han logrado el resultado deseado.

La práctica y el ejercicio de las Ocho Facultades Mentales de Introversión eliminan las Cinco Imperfecciones, lográndose como resultado un desarrollo progresivo del poder de concentración. Este proceso debe proseguir en el curso de los Nueve Estadios de la Concentración.

Los Nueve Estadios de la Concentración

Son:

1. Dirigir la mente al objeto en el que ha de concentrarse.

2. Esforzarse por continuar la concentración en el objeto de meditación en cada nuevo estadio del proceso.

3. Percibir inmediatamente cualquier distracción de la mente y reconducirla hacia el objeto de la concentración.

4. Conservar una visión nítida del objeto de la concentración hasta en sus menores detalles.

5. Fortalecer el esfuerzo de concentración dando a entender a la mente las virtudes de la meditación.

6. Expulsar cualquier sentimiento que se oponga a la meditación, como por ejemplo la indolencia, a fin de que la mente se halle en calma.

7. Mantener con perseverancia la ecuanimidad de la mente eliminando todas las preocupaciones, incluso las más nimias.

8. Llevar el modo de concentración elegido hasta su límite extremo con el fin de que, libre de toda distracción, logre «sentirse en unidad» en la meditación.

9. La persona que medita llega al noveno estadio cuando no requiere de ayuda alguna, ya sea del esfuerzo de la memoria o de la conciencia.

Los Nueve Estadios de Meditación que acabamos de enumerar pueden realizarse con ayuda de las Seis Facultades, que son éstas:

1. La facultad auditiva.
2. La facultad reflexiva.
3. La facultad memorística.
4. La facultad de conciencia.
5. La facultad de energía mental.
6. La facultad de perfección.

El primer estadio de meditación se alcanza gracias a la facultad auditiva, por ejemplo cuando se escuchan las instrucciones para meditar dictadas por algún gran maestro.

El segundo estadio se alcanza gracias a la facultad reflexiva.

El tercero y el cuarto estadios se alcanzan gracias a la facultad memorística.

El quinto y el sexto estadios se alcanzan gracias a la facultad de conciencia.

El séptimo y el octavo estadios se alcanzan gracias a la facultad de energía mental.

El noveno estadio se alcanza gracias a la facultad de perfección.

LAS CUATRO COMPRENSIONES

La plena comprensión de los nueve estadios de meditación supone cuatro pasos sucesivos, que son:

1. El primer paso para alcanzar el primer y el segundo estadios de la meditación exige el más completo ensimismamiento de la mente en el objeto de la concentración.

2. El segundo paso está relacionado con la realización de los cinco estadios siguientes de la meditación. Aquí, la concentración en el objeto de la meditación no se prolonga mucho tiempo, sino que es intermitente, es decir, que el proceso de concentración no es continuo.

3. El tercer paso está relacionado con la realización del octavo estadio de la meditación. En esta etapa la mente es capaz de concentrarse sin interrupción alguna en el objeto de la meditación.

4. El cuarto paso está relacionado con la realización del noveno estadio de la meditación. La

concentración en el objeto de la meditación sólo requiere un mínimo de esfuerzo consciente.

Aquel que haya llegado a comprender perfectamente la naturaleza y el orden de los diferentes estadios de la meditación, así como las diferencias entre los sucesivos «pasos» de la concentración, y que practique la meditación conforme al conocimiento obtenido de esta manera, podrá realizar una meditación perfecta aproximadamente en el plazo de un año. Esta forma de meditación por medio de la concentración tiene un carácter general. Si el objeto de la meditación se encuentra, sin embargo, en nuestra propia mente, los medios para lograr una meditación profunda serán otros.

Antes de emprender algún tipo de meditación que recurra a la vía de la concentración mental interior, es necesario comprender la naturaleza de la mente. La mente no es visible. Carece de forma, dimensiones y color. Es tan vacía como el mismo Vacío. Y, sin embargo, da origen a ciertos elementos característicos, como el pensamiento, la imaginación, etc., y también es capaz de identificar todo lo que uno puede sentir y todo lo que se presenta en el proceso del pensamiento. Para la concentración mental interior (meditación sobre un objeto que se halla en el interior de la persona que la practica) se sigue el mismo método que para la meditación general. Es necesario evitar las Cinco Imperfecciones y adoptar las Ocho Facultades Mentales de Introversión en los Nueve Estadios de la Meditación. Una vez que se haya alcanzado esta fase casi final de la meditación por medio de una concentración interior espontánea, irá produciéndose la progresiva realización del éxtasis mental y físico. Una vez que ello se ha conseguido, se obtiene «la unidad» que no sufre vacilaciones. El éxito (en la meditación) puede ser considerado como una preparación para los diferentes estadios propios de la meditación corporal, que constituye una de las cuatro formas de meditación.

Entonces la mente será completamente dominada por la consecución de la quietud mental obtenida por medio de la concentración (*samath bhavana*). Una mente así posee plena capacidad para comprender el significado de cualquier asunto.

Cuanto se ha dicho acerca de la formación superior y la meditación constituye un resumen muy breve de las instrucciones sobre la meditación que impartieron Arya Bodhisattva Maitreya y Acharya Asanga.

Capítulo XIX

La formación superior y la sabiduría

La formación superior relativa a la sabiduría constituye el tercer precepto moral (*adi-prajnya-shiksha*). Trata sobre dos tipos de sabiduría.

1. La sabiduría que atañe a la naturaleza relativa de las cosas, es decir, el conocimiento empírico.
2. La sabiduría que atañe a la naturaleza absoluta de las cosas, es decir, el conocimiento trascendental.

Lo que se pretende describir aquí es ese conocimiento capaz de destruir todas las impurezas morales y mentales y las impurezas causadas por el poder del pensamiento discriminatorio, es decir, la sabiduría que comprende el *shunyata*.

SHUNYATA

El *Shunyata* es el conocimiento de la realidad última de todos los objetos materiales pertenecientes al ámbito del fenómeno. Existe, pero su existencia no es producto de esos poderes milagrosos de los que disponen los Budas, ni tampoco depende de los frutos del *karma* de los seres sensibles. El *Shunyata* existe y su naturaleza impregna todos los elementos. Al margen del modo en que hayan sido creados los nuevos objetos, al margen del nombre con que sean denominados, la naturaleza última de todos los elementos, de todos los objetos, es el *shunyata*. A causa de su misma naturaleza, todos los *dharmas* están caracterizados por el vacío. Tal como dice un *sutra*: «Aparezcan o no los Budas en este mundo, el *shunyata*, que es la naturaleza última de cuantos objetos hay, es absoluto y eterno».

El *Shunyata* es el principio que niega todas las contradicciones existentes en la existencia propia de un objeto. No solamente niega, sino que

también afirma. Para citar a Acharya Chandra-
kirti, filósofo de la escuela *madhyamika*, «el
término "propio" (*self*) designa toda esencia o
sustancia que tenga existencia propia en cuanto
que no depende de otra cosa». El método que
hay que seguir para comprender el *shunyata* es
el estudio y la aplicación de la lógica del Sende-
ro de en medio (*madhyamika*).

En general, el conocimiento de la naturaleza
última de todos los *dharmas* se encuentra de hecho en contradicción con lo que nosotros creemos saber. La verdad es que el *shunyata* es la
naturaleza última de todos los elementos de todos los objetos. De ahí que naturalmente todos
los objetos lleven la marca última de *shunyata* y
no tengan existencia propia.

Pero puesto que tenemos costumbre de considerar la ilusión (aquello que nosotros creemos
saber) como la realidad (se trata de una costumbre que se remonta a los comienzos de la existencia samsárica que carece de un origen), los
hombres han continuado tomando por la verdadera realidad su deformada concepción de los
dharmas de todos los objetos, llegando a per-
cibirla de esta manera como una entidad que
tiene su origen en sí misma y que se basta por sí
misma. Todas las concepciones fenoménicas y

no sustanciales que la mente juzga verdaderas discurren así en contra del conocimiento de la naturaleza inmanente de los *dharmas* de todos los objetos de este mundo.

A consecuencia de ello, la mente cae en la confusión y no puede distinguir entre la apariencia y la realidad deducida por ella. Tal «realidad» así deducida es considerada, de forma equivocada, como la noción de entidad en sí. Y ello conduce a juicios erróneos, es decir, a falsas percepciones y a pensamientos errados. Cuando la mente así predispuesta, que había tomado por real cuanto no es sino un mero concepto, se da cuenta de que en esa «realidad» no existe en verdad ningún objeto, toma entonces conciencia de la verdadera Naturaleza, que es no-absoluta y no posee existencia en sí misma. En este estadio se percibe claramente que todos los elementos y todos los objetos carecen de existencia en sí misma (*shunyata*).

Una adecuada comprensión de la manera en que funciona nuestra mente constituye un fundamento importante para la comprensión del *shunyata*. Para entender su complejidad, tenemos que pasar al análisis del yo o «conciencia del yo». Si admitimos el concepto según el cual el Yo no es otra cosa sino el yo, es decir, que la «conciencia del yo» es inmanente en sí misma, se desprende que aquél no depende de ninguna causa. Y si el «yo» no depende ni del cuerpo, ni de la mente, ni de los agregados de *skandhas*, ha de ser por tanto una entidad distinta y diferente de ellos. En estas condiciones, cuando mi cuerpo sufre, ello no significaría que mi «yo» sufra. Cuando mi hambre es saciada, ello no significaría que el hambre de mi «yo» sea saciada. Sin embargo, ello no puede ser cierto. Pues cuando mi cuerpo sufre enseguida sucede que mi «yo» sufre. Y de la misma manera, cuando mi mente está triste significa que mi «yo» también lo está. Así pues, la conclusión lógica de todo ello es que ninguna entidad puede tener una existencia independiente en sí misma.

Si el «yo» no fuera otra cosa que agregados de *skandhas*, entonces éstos deberían constituir una sola unidad. Pero los agregados de *skandhas* están compuestos por cinco partes diferentes. Y siendo esto así, deberían existir también cinco «yoes» diferentes. Tomemos el ejemplo del «yo» y del cuerpo físico. Si el cuerpo fuera la misma cosa que el «yo», éste debería desintegrarse una vez que se desintegra el cuerpo que tenemos ahora. La conclusión lógica es, por tanto, que el «yo» y el cuerpo físico no son una sola y misma cosa. De igual modo, el «yo» no es lo mismo que una continuidad de *skandhas*, ni lo mismo que la mente.

No sería tampoco exacto afirmar que el «yo» no es ni idéntico a los agregados ni diferente a ellos. Cuando un «yo» parece manifestarse como existente por sí mismo, ha de ser o bien idéntico a tales agregados, o bien diferente de ellos. No puede defenderse ninguna otra explicación.

Por consiguiente, el «yo», que para la mente parece ser la única y exclusiva realidad, no es ni idéntico a los agregados ni diferente de ellos. Y de este modo nos vemos obligados a concluir que no debe existir un «yo» en absoluto.

Hemos llegado ahora a la premisa según la cual un «yo» tal no existe. Sin embargo, no podemos negar dogmáticamente la no-existencia de un «yo» tal. La misma formación de esa noción a la cual damos el nombre de «yo» depende de los agregados: él no es más que una forma de designación, un simple apelativo. Y es esta designación del «yo» la que permite la formación de un concepto según el cual el «yo» experimenta placer al comer, al beber, etc., nace y renace en el *samsara*, practica una religión y alcanza la iluminación. Este «yo» es diferente de las cuatro categorías [reconocidas por la lógica budista]: existencia en sí, no-existencia, existencia en sí y no-existencia a la vez, y ni existencia en sí ni no-existencia.

Citando a Nagarjuna: «Todos los *dharmas* no son ni existentes en sí, ni no existentes, ni a la vez existentes en sí y no existentes, ni diferentes de ambos [de lo existente en sí y de lo no-existente]». Y añade: «Una vez que se ha entendido con claridad que el sentido transmitido por el término "yo" no es sino una forma distinta de designación de la lógica de las cuatro categorías, hemos captado el significado real de la no-existencia del "yo"».

Del mismo modo, si se toman como ejemplo los ojos, las orejas, la forma, el sonido, el gusto, el olor, etc., o incluso el *shunyata*, esta lógica de las cuatro categorías puede utilizarse para probar la relatividad y la no-existencia de todos los elementos y de todos los objetos. Considerar el propio *shunyata* como no-existente sería situarse en un punto de vista fatalista.

Para comprender mejor el significado de la no-existencia-en-sí de los objetos de este mundo, hay que proceder a un estudio profundo y agudo de la Doctrina. Recibir la sabia enseñanza de los maestros o instruirse por otras fuentes lleva a la adquisición de una «sabiduría teórica». Cuando se reflexiona con asiduidad sobre el verdadero significado de aquello que se ha aprendido, uno adquiere la «sabiduría práctica».

VIPASSANA

Si mediante la concentración se procede a meditar sobre el significado profundo del *sunyata*, al que podemos acceder mediante el ejercicio de esta sabiduría, podremos contemplar el *sunyata* en una concentración «que apunta a la unidad» obtenida en virtud de los inmensos poderes dispensados por la consecución de la quietud mental (*samath bhavana*). Esta sabiduría que proporciona *samath bhavana* es la «sabiduría meditativa». *Samath bhavana* es la puerta de entrada a *vipassana bhavana*. A diferencia de *samath bhavana*, si la concentración en el curso de la meditación se apoya en la fuerza de la razón se entra en un éxtasis mental y físico único. Esta experiencia única del éxtasis mental y físico proviene de la realización de *vipassana*. Una vez que *vipassana bhavana* se ha conseguido con éxito, sobreviene la fusión de la quietud mental (*samath bhavana*) y de la visión interior

directa intuitiva (*vipassana*) con cualquier objeto que haya sido elegido para concentrarse.

El conocimiento de la Vía de la Aplicación es
el estadio al cual llegamos cuando se ha obtenido *vipassana* con el *shunyata* como objeto de la
concentración.

Aunque se haya captado completamente el
verdadero significado del *shunyata* todavía se
requieren más esfuerzos:

1. Es necesario rechazar cuanto deba recha-
zarse en la andadura paso a paso por las Vías de
la Visión, de la Práctica y de la Realización.

2. Cuando esto se ha conseguido, hay que
alcanzar el objetivo que conduce a la destrucción
de todas las impurezas morales o mentales y de
aquellas impurezas producidas por el poder del
pensamiento discriminatorio.

Lo que precede constituye un resumen abre-
viado de la *adiprajnya-shiksha*.

De los Tres Preceptos Morales, suele consi-
derarse generalmente el tercero como superior a
los dos anteriores. Al examinar el desarrollo del
espíritu moral, el primero de estos principios
forma la base del segundo, y éste, la del tercero.
Por eso el primero, es decir, una formación su-

perior relativa al comportamiento, es el más importante de los tres.

A través de la aplicación de la ética religiosa y, al mismo tiempo, de la práctica de la concentración y de la meditación (visión penetrante), tomando como base el refugio en las Tres Joyas y aceptando tanto en pensamiento como en acción la ley del *karma* y de sus frutos, podemos liberarnos de la rueda de la existencia. Si damos un paso más y seguimos fielmente los Tres Preceptos Morales, motivados por el pensamiento del precioso *bodhi-chitta* de amor y compasión, obtendremos la «liberación superior» en la omnisciente budeidad.

Capítulo XX

Bodhi-chitta

El individuo no es el único que sufre; todos los seres sensibles sufren. Así pues no debemos preocuparnos únicamente de nuestro propio bien, sino del bien de todos. Debemos ser altruistas, tanto de pensamiento como de obra. Incluso la más ínfima de las criaturas, y por supuesto los seres que viven en un plano superior, conoce el sufrimiento y el dolor y, por tanto, intenta evitarlos. Como dijo Arya Deva, filósofo perteneciente a la escuela *madhyamika*: «El sufrimiento mental aflige a los seres superiores; el sufrimiento físico aflige a los seres inferiores; el sufrimiento mental y físico consume eternamente nuestro mundo».

Los seres vivos desean la paz y la felicidad, y quieren evitar el sufrimiento. Y sin embargo no tienen poder para ello, puesto que no saben cómo conseguir la felicidad y apartar de ellos el sufrimiento. En el contexto de esta impotencia universal, es obligado esforzarse con firmeza para apartar a los seres de cuanto les supone sufrimiento y acercarlos a aquello que les procura la felicidad y la satisfacción. Para rechazar el sufrimiento y obtener la felicidad, es evidente que cada ser debe realizar por sí mismo cuantos trabajos sean necesarios para eliminar la causa de su sufrimiento y determinar la causa de su felicidad. No existe otro camino.

Como dijo el Maestro Buda: «Ni siquiera todos los Budas serían capaces de lavar los pecados de todos, pues la mano no puede eliminar el sufrimiento de los seres vivos. El conocimiento no puede transmitirse de forma material de un individuo a otro. Sólo la infalible Verdad del sagrado Dharma puede suprimir el sufrimiento».

Un leve contacto de la mano no puede eliminar el sufrimiento de la misma manera en que nos libramos de un olor lavándonos o de un dolor extrayendo la espina que lo causa. Tampoco le resulta posible al Bienaventurado transmitir físicamente su conocimiento intelectual a otro ser.

Entonces ¿cuál es la solución? Dijo el Buda:
«Provistos del conocimiento de que nada existe,
atravesaréis el torrente».

Se puede liberar a los seres del dolor ense-
ñándoles aquello que debe practicarse y aquello
a lo que se debe renunciar. No obstante, sólo el
Buda puede mostrar la vía perfecta y adaptar su
enseñanza a la mentalidad, las aptitudes y el estado de salud de un individuo concreto. De ahí
se sigue necesariamente que la realización de la
budeidad es la condición previa inevitable para
poder salvar a todos los seres vivos. Un hombre
sediento puede apagar su sed bebiendo agua, pero precisa de un recipiente de donde poder be-
berla. Del mismo modo, el objetivo primordial
del que anhela alcanzar la budeidad es esforzarse por conducir a todos los seres sensibles a liberarse de sus sufrimientos y de las causas que los
producen. Pero para conseguirlo, en primer lugar,
hay que alcanzar la budeidad. Llamamos *bodhi-
chitta* a la mente que, imbuida por un pensamiento así, se entrega a la obtención de la iluminación.